AF257335

à Messieurs les Ministres
des Colonies et des Finances ;

à Monsieur le Ministre,
Président du Conseil ;

à Messieurs les Sénateurs ;

à Messieurs les Députés.

PROTESTATION & REQUÊTE

DU

CONSEIL D'ADMINISTRATION

de la

NOUVELLE IMPRIMERIE NOUMÉENNE

❋()❋

Presses de «La France Australe»

NOUMÉA, 1900.

A Messieurs les Ministres des Colonies et des Finances.

A Monsieur le Ministre, Président du Conseil.

A Messieurs les Sénateurs.

A Messieurs les Députés.

Messieurs,

Nous avons l'honneur de porter à votre connaissance et de soumettre à votre haute appréciation l'acte particulièrement blâmable au moyen duquel, sans aucun souci des véritables intérêts du pays et du grave préjudice qui en résulte pour nous, M. le Gouverneur de la Nouvelle-Calédonie et Dépendances a procuré à une société tout récemment reconstituée par les fervents de son parti, une très grasse subvention, sous forme de renouvellement d'un contrat.

Il existe à Nouméa deux imprimeries, savoir : 1° L'Imprimerie Calédonienne, qui publie le Journal « La Calédonie, » — officieux du Gouverneur.

2° La Nouvelle Imprimerie Nouméenne, qui publie le Journal « La France Australe, » — organe des républicains indépendants.

Depuis quelque temps, le journal « La Calédonie » de l'Imprimerie Calédonienne ne répondait plus assez servilement aux désirs de M. le Gouverneur Feillet. Ce haut fonctionnaire avait essayé par tous les moyens de le ramener à son entière discrétion ; il n'avait pu y parvenir. Son propriétaire, revenu de France depuis quelques mois, en avait repris la direction et refusait de se plier à toutes les volontés administratives.

Il importait cependant à M. le Gouverneur Feillet de conserver un journal à sa dévotion toujours prêt à défendre ses actes arbitraires, et les idées de colonisation plus que fantaisistes qui lui sont chères.

Voici comment il y est arrivé.

L'Imprimerie Calédonienne avait depuis quelques années le contrat d'impression des divers imprimés nécessaires au Service local.

Mais ce contrat était à renouveler pour le 1ᵉʳ janvier 1900.

M. le Gouverneur Feillet s'est entendu avec ses plus fidèles partisans, les a groupés avec nombre de fonctionnaires dans une société anonyme en vue de l'acquisition de l'Imprimerie Calédonienne et leur a consenti le renouvellement *de gré à gré* du sus-dit contrat.

Tout le monde ici a eu connaissance des pourparlers engagés pour mener à bonne fin cette ‹ *heureuse* › combinaison.

Il importe de remarquer que la Nouvelle Imprimerie Nouméenne n'existait pas lors de l'adjudication du précédent contrat d'impressions et que par suite l'Imprimerie Calédonienne seule outillée à cette époque pour servir ce contrat, a imposé des prix exagérés qu'une nouvelle adjudication à l'heure actuelle aurait considérablement réduits.

Cependant M. le Gouverneur n'a pas osé en venir directement à sa réalisation. Il a fait transmettre, avec avis très favorable, au Conseil Général, presque exclusivement composé de ses créatures, une lettre de M. Oulès, précèdent propriétaire de l'Imprimerie Calédonienne, sollicitant le renouvellement de son contrat d'impression et il a fait demander à cette assemblée d'en délibérér.

Comme on devait s'y attendre et malgré l'envoi par la société de la Nouvelle Imprimerie Nouméenne de la lettre dont ci-joint le texte (voir pièces annexes) le Conseil général a émis un avis favorable au renouvellement sollicité par M. Oulès.

MM. Caulry. Charbonneaux, Deligny, James Dezarnaulds, Devambez, Varin, conseillers généraux, aujourd'hui actionnaires de la Société qui s'est rendue acquéreur de l'Imprimerie Calédonienne, ont pris part à cette délibération et nous avons ainsi assisté en Nouvelle-Calédonie au scandale d'une décision prise par des Conseillers généraux directement et tout particulièrement intéressés dans la question soumise à l'appréciation du Conseil.

A la suite de la délibération ainsi prise et par acte du ministère de M⁰ Fessard, huissier à Nouméa, en date du 2 Décembre 1899, la Société la Nouvelle Imprimerie Nouméenne a fait signifier à M. le Gouverneur et à M. le Secrétaire Général l'offre de se charger d'ores et

déjà, sur les bases existantes, du contrat
d'impression de tous les imprimés nécessaires au Service local, avec un rabais
de 30 0 0 sur le prix du contrat en cours,
— c'est-à-dire avec une réduction très
supérieure à celle concédée par l'Imprimerie Calédonienne au moment des pourparlers engagés pour le renouvellement
de son contrat. — Dans la signification
faite à sa requête, la Nouvelle Imprimerie Nouméenne déclarait en outre se ré-
server d'étendre encore son offre de rabais dans le cas d'adjudication publique
par soumissions cachetées.

Sans égard pour nos protestations,
sans aucun souci des deniers publics, au
mépris des véritables intérêts du pays,
M. le Gouverneur Feillet a passé outre
et a consenti à M. Oulès le renouvellement de son contrat d'impression, en se
donnant la couverture factice du Conseil
Général qui n'avait nullement à intervenir en la circonstance.

Rien ne s'opposait dès lors à la publi-
cation de l'acte constitutif de la société
formée en vue de l'aquisition de l'Imprimerie Calédonienne ; cet acte a été pu-
blié, la société régulièrement organisée
et le Journal « La Calédonie » grasse-
ment subventionné, est redevenu l'officieux toujours disposé à soutenir les abus
et les utopies de M. le Gouverneur Feillet.

Il convient de noter que dans la com-
position du Conseil d'Administration de
la Société constituée comme il vient
d'être dit nous retrouvons les noms de

MM. Caulry, Charbonneaux, conseillers généraux qui ont pris part à la délibération pré-mentionnée et de M. Diomède Tommasini, conseiller privé qui a, lui aussi, délibéré au Conseil privé sur l'opportunité et la légalité du renouvellement du contrat d'impression de M. Oulès.

Pour justifier ce renouvellement, on invoque les dispositions de l'art. 72 des conditions générales pour toutes fournitures, publiées le 18 février 1895. — Les dispositions de cet article 72 autorisent en effet, l'Administration à proroger les marchés de fournitures suivis à son entière satisfaction. Mais ces dispositions ont toujours été considérées, comme exceptionnelles, et ne sont pas à appliquer lorsque surtout un appel à la concurrence apparait non seulement comme possible, mais encore comme beaucoup plus avantageux.

Or M. le Gouverneur Feillet savait très bien, en la circonstance, que l'appel à la concurrence offrait de grands avantages. Il ne pouvait l'ignorer après la signification du 2 Décembre 1899.

Enfin la société de la Nouvelle Imprimerie Nouméenne est exclusivement composée de Français, bons patriotes et bons Calédoniens, qui ont à leur tête, pour diriger l'opération, les signataires de la présente supplique, vrais Français de France dévoués à leur patrie.

Conclusion

Monsieur le Gouverneur Feillet était tenu de faire procéder à une adjudication

publique du contrat relatif aux imprimés administratifs. Il a pris sur lui de
renouveler de gré à gré. Rien ne l'autorisait à en agir ainsi.

En ce faisant, il a sacrifié l'intérêt général à son intérêt particulier.

Nous protestons et nous vous demandons d'intervenir pour obliger l'administration de la Colonie au respect des règlements établis, en faisant régulièrement procéder à une nouvelle adjudication.

Veuillez agréer, Messieurs, l'hommage
des sentiments, avec lesquels nous avons
l'honneur d'être vos serviteurs très
respectueux et très dévoués.

Pour la Société « La Nouvelle Imprimerie
Nouméenne. »

Le Président du Conseil d'Administration,

S. LECONTE.

PAUL GUIRAUD, GROBOIS.

Administrateurs.

Il importe d'ajouter, pour faire suite
aux noms des Conseillers généraux que
nous publions dans la *France Australe*
sous le titre *Pilori*, Conseillers généraux
qui ont voté le renouvellement d'un contrat auquel ils étaient personnellement
intéressés, défiant ainsi les réglements et
l'opinion publique, ce qui suit :

M. Feillet s'étant fait personnellement
le placier des actions de l'Imprimerie
Calédonienne et du journal *La Calédonie*
et le public étant resté sourd aux appels

de M. le Gouverneur celui-ci imagina un expédient qui devait nécessairement réussir.

Il obligea les fonctionnaires à devenir actionnaires de son journal, promettant sa faveur aux uns, menaçant les autres de sa vengeance.

Voici la liste alphabétique de ces fonctionnaires ainsi que le nombre des actions souscrites par chacun d'eux.

BAGNOLI, surveillant militaire...... 10
BORNE, huissier.................. 5
BONNACE, conseiller général........ 5
CAUJOLLE, conseiller général...... 5
CAMOUILLY, receveur du Domaine .. 1
CHOISÉ, sous-chef de bureau de la Direction de l'Intérieur......... 5
COLARDEAU, avocat de l'Administration...................... 10
CACOT, Gustave, commis principal bureau de l'Immigration..... 5
CAULRY, Président du Conseil général...................... 10
CHARBONNEAUX, conseiller général . 10
DEVAMBEZ, Charles, conseiller général 50
DELIGNY, conseiller général....... 10
DEZARNAULDS, conseiller général... 30
ETIENNE, chef de bureau de l'Administration pénitentiaire....... 20
ESCANDE, Directeur de la ferme modèle d'Yahoué.............. 15
GODARD, commissaire de police.... 5
GELOT, Chef de bureau, Direction de l'Intérieur.................. 10
GAGNON, Louis, conseiller municipal 2

Nous nous empressons de déclarer hautement, que nous sommes convaincus de la parfaite honnêteté de tous ces fonctionnaires. S'il y en a parmi le nombre qui aient souscrit des actions dans un but de lucre, nous affirmons qu'ils sont une infime minorité. Les autres, en bons fonctionnaires, n'ont fait qu'obéir aux ordres du Chef de la Colonie.

On pourra se convaincre du reste que les Chefs de Service — auxquels M. Feillet n'a osé commander. — se sont généralement abstenus de prendre des actions.

Presque tous ces fonctionnaires, dans leurs différents services, ont des commandes d'imprimés à faire. Ils feront dorénavant ces commandes à une société dont ils sont les actionnaires. A la réception des dits imprimés ils seront les seuls juges de leur qualité et quantités. Ils se trouveront donc placés entre leur devoir et leur intérêt. Cela est-il admissible, cela est-il légal ?

D'autres parmi ces fonctionnaires sont en relations de service avec la presse. Leur intérêt leur commande de favoriser leur journal *La Calédonie*. Résisteront-ils tous à cette tentation ? Est-il juste pour leur propre réputation et pour la réputation de l'Administration de les laisser exposés à pareille tentation ?

En favorisant leur journal ils se réservent une arme qui pourrait être tournée contre leurs propres chefs qui ne sont pas actionnaires. Ils pourraient à l'aide de cet instrument, défier l'opinion publique... peut-être même le Ministre et pour le moins surprendre sa bonne foi sur des faits importants.

Nous devons à la vérité de constater que nombre de ces fonctionnaires ont

eu conscience de ce que leur qualité d'actionnaires d'un journal officieux avait
d'anormal et se sont empressés de ven-
dre leurs actions, après avoir fait acte
d'obéissance au Gouverneur.

Voilà les faits dans toute leur nudité.
Nous demandons en terminant :

Cette combinaison crée-t-elle **un syn-
dicat pour dominer l'opinion et exploi-
ter le Trésor public au profit de fonctionnaires, sous la garantie du Gouver-
nement ?**

(*Extrait de* LA FRANCE AUSTRALE)

La «Nouvelle Imprimerie Nouméenne» a transmis
le 30 novembre 1899, la lettre suivante :

*A Messieurs les Conseillers Généraux
de la Nouvelle-Calédonie, actuelle-
ment en Session à Nouméa.*

Messieurs les Conseillers généraux,

Si nous sommes bien renseignés — et
tout nous permet de croire à la parfaite
exactitude des renseignements qui nous
sont venus, — l'Administration aurait
l'intention de consentir, *de gré à gré*, à
son fournisseur actuel, le renouvellement
du contrat relatif à l'impression des divers imprimés nécessaires au Service
local et autres. L'Administration agirait
ainsi au mépris des règlements et sans
aucun souci des intérêts de tous, pour
servir les besoins d'une combinaison
suivant laquelle l'Imprimerie Calédonienne, pourvue d'un précieux aliment

pour une nouvelle et longue période, deviendrait la propriété d'une Société disposée à s'en rendre acquéreur. Pour assurer la réussite de cette combinaison, la demande de renouvellement serait au préalable présentée par le vendeur, propriétaire actuel de l'Imprimerie Calédonienne, et la vente suivrait immédiatement après la concession de renouvellement.

Voilà le projet, fomenté dans l'ombre et le mystère; nous vous le dénonçons avant qu'il soit soumis à votre délibération.

La Nouvelle Imprimerie Nouméenne est outillée avec les machines les plus récentes et les plus perfectionnées. Elle peut donc concourir dans les meilleures conditions à une adjudication du genre de celle que les règlements imposent en la circonstance. Les avantages à tirer de cette adjudication ne vous échapperont pas. Comment l'Administration pourrait-elle se croire autorisée à les négliger ? Ce serait de sa part un abandon coupable, qu'en notre qualité de représentants des contribuables, vous ne pourriez tolérer sans compromettre les finances de la Colonie et manquer gravement à vos devoirs. Quelques-uns parmi vous pourraient-ils même délibérer sur ce projet, alors que, d'autre part, on les compte au nombre des Actionnaires de la Société en formation ! Ceux-là tout au moins, auront à quitter leur siège avant que la question se pose, sous peine d'être accusés de tripoter les deniers pnblics qu'ils ont à défendre.

Nous nous permettons d'appeler votre attention sur la nécessité qui s'impose d'en venir à un appel à la concurrence et nous vous demandons, dans l'intérêt de tous aussi bien que dans notre propre intérêt, de repousser la proposition, par trop onéreuse, de renouvellement de gré à gré du contrat d'impression qui vous sera sûrement faite.

Veuillez agréer, Messieurs les Conseillers généraux, mes respectueuses salutations.

Pour le Président du Conseil d'Administration de la «Nouvelle Imprimerie Nouméenne» absent, et au nom du Conseil d'Administration.

PAUL GUIRAUD.

Signification à M. le Gouverneur.

L'an 1899 le samedi 2 décembre.

A la requête de M. Sylvestre Leconte agissant en sa qualité de Président du Conseil d'administration de la « Nouvelle Imprimerie Nouméenne», faisant élection de domicile à Noumée au siège de la Société.

J'ai, Emile Fessard, huissier à Nouméa y demeurant soussigné,

Dit et déclaré :1° à Monsieur le Gouverneur de la Nouvelle Calédonie, en ses bureaux, etc.

2° à Monsieur le Secrétaire général de la Nouvelle-Calénonie, etc.

Que la Société de la « Nouvelle Imprimerie Nouméenne » offre d'ores et déjà de se charger, sur les bases déjà existantes, du traité d'impression de tous les imprimés nécessaires pour les divers services locaux et coloniaux, *avec un rabais de 30 p. 100* sur le prix du traité en cours

Se réservant même, ladite Société, d'étendre encore son offre de rabais, suivant que le Conseil d'administration avisera, dans le cas où il serait jugé à propos de faire procéder à une nouvelle adjudication publique par soumissions cachetées du traité dont s'agit, lors de son renouvellement.

A ce qu'ils n'en ignorent
Et j'ai.... etc.

Signé : Fessard.

Nouméa — Nouvelle Imprimerie Nouméenne.

239